Fusión

Libro del estudiante interactivo

Copyright © 2012 by Houghton Mifflin Harcourt Publishing Company

All rights reserved. No part of this work may be reproduced or transmitted in any form or by any means, electronic or mechanical, including photocopying or recording, or by any information storage and retrieval system, without the prior written permission of the copyright owner unless such copying is expressly permitted by federal copyright law. Requests for permission to make copies of any part of the work should be addressed to Houghton Mifflin Harcourt Publishing Company, Attn: Contracts, Copyrights, and Licensing, 9400 South Park Center Loop, Orlando, Florida 32819.

Printed in the U.S.A.

ISBN 978-0-547-83544-0

10 1421 20 19 18 17 16

4500587360   ^ B C D E F G

If you have received these materials as examination copies free of charge, Houghton Mifflin Harcourt Publishing Company retains title to the materials and they may not be resold. Resale of examination copies is strictly prohibited.

Possession of this publication in print format does not entitle users to convert this publication, or any portion of it, into electronic format.

Contenido

Unidad 1: Hacer ciencias
- **LECCIÓN 1** Nuestros sentidos 1
- **LECCIÓN 2** Destrezas de ciencias. 5
- **LECCIÓN 3** Herramientas de ciencias. 9

Unidad 2: Animales
- **LECCIÓN 4** Vivos y no vivos 13
- **LECCIÓN 5** Real e imaginario 17
- **LECCIÓN 6** Muchos animales 21
- **LECCIÓN 7** Qué necesitan los animales. 27
- **LECCIÓN 8** Los animales crecen y cambian . .31

Unidad 3: Plantas
- **LECCIÓN 9** Muchas plantas 35
- **LECCIÓN 10** Qué necesitan las plantas 39
- **LECCIÓN 11** Las partes de la planta 43
- **LECCIÓN 12** Las plantas crecen y cambian . . .47

Unidad 4: Los hábitats
- **LECCIÓN 13** El hogar de los seres vivos 51
- **LECCIÓN 14** Los animales y las plantas juntos 55

Unidad 5: Día y noche
- **LECCIÓN 15** El cielo de día 59
- **LECCIÓN 16** El cielo de noche 63

Unidad 6: Los recursos de la Tierra
- **LECCIÓN 17** Las rocas 67
- **LECCIÓN 18** El agua. 71
- **LECCIÓN 19** Los recursos naturales 75

Unidad 7: El tiempo y las estaciones
- **LECCIÓN 20** El tiempo 81
- **LECCIÓN 21** Cómo se mide el tiempo 87
- **LECCIÓN 22** Las estaciones 91

Unidad 8: Materia
- **LECCIÓN 23** La materia. 97
- **LECCIÓN 24** La materia puede cambiar. 103
- **LECCIÓN 25** Calentar y enfriar la materia . .107

Unidad 9: Energía
- **LECCIÓN 26** El sonido 111
- **LECCIÓN 27** La luz 115
- **LECCIÓN 28** El calor. 119

Unidad 10: Movimiento
- **LECCIÓN 29** El lugar donde están las cosas 125
- **LECCIÓN 30** Cómo se mueven las cosas 129
- **LECCIÓN 31** Cómo cambiar el movimiento de las cosas 135
- **LECCIÓN 32** Imanes 139

Nombre _____

ver

oír

Dibújalo

Con los sentidos se aprende.
Con los ojos se ven las cosas.
Con los oídos se oyen sonidos.

2 Unidad 1 • Lección 1 • ¿Cómo usamos nuestros sentidos? ▶ Dibuja algo que veas.

Nombre _____

Tocamos las cosas con las manos y la piel.
Olemos las cosas con la nariz.
Gustamos los alimentos con la boca.

▶ Encierra en un círculo la parte del cuerpo con que la niña huele la flor.

Unidad 1 • Lección 1 •
¿Cómo usamos nuestros sentidos?

Nombre _____

Resúmelo

●

▲

■

Unidad 1 • Lección 1 •
¿Cómo usamos nuestros sentidos?

● Encierra en un círculo a quien está oyendo algo. ▲ Encierra en un círculo a quien está viendo algo. ■ Encierra en un círculo a quien está gustando algo.

Destrezas de ciencias

observar

comparar

medir

clasificar

Unidad 1 • Lección 2 •
¿Cómo usamos las destrezas de ciencias?

Nombre _____

observar

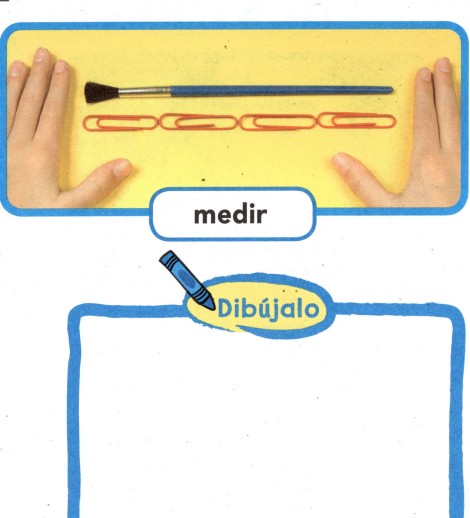

medir

Dibújalo

Hacemos preguntas para aprender.
Observamos para hallar respuestas.
Medimos para hallar respuestas.

6 Unidad 1 • Lección 2 • ¿Cómo usamos las destrezas de ciencias? ▶ Observa tu mano. Dibuja lo que observes.

Nombre _____

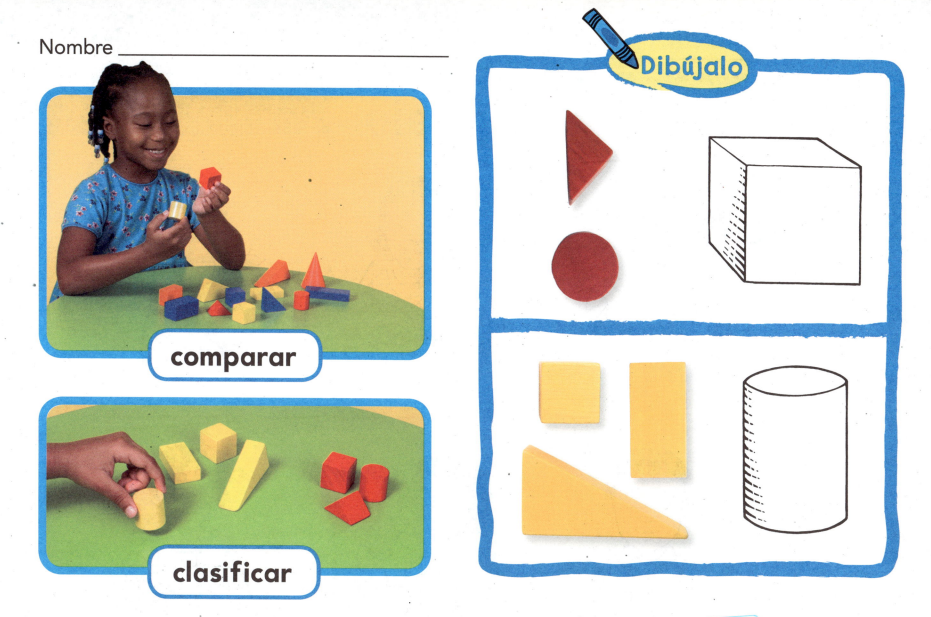

comparar

clasificar

Comparamos lo parecido y lo diferente de las cosas. Clasificamos grupos de las cosas que se parecen.

▶ Colorea cada bloque para emparejarlo con su grupo.   Unidad 1 • Lección 2 • ¿Cómo usamos las destrezas de ciencias?

Nombre _____

Resúmelo

●

▲

Unidad 1 • Lección 2 •
¿Cómo usamos las destrezas de ciencias?

● Encierra en un círculo a quien está midiendo cosas.
▲ Encierra en un círculo a quien está clasificando cosas.

Nombre _____

lupa

regla

Dibújalo

Las herramientas de ciencias nos sirven para saber cómo son las cosas.
La lupa nos sirve para ver más grandes las cosas.
La regla nos sirve para saber el largo de las cosas.

Unidad 1 • Lección 3 •
¿Cómo usamos las herramientas de ciencias?

▶ Dibuja algo que se pueda medir con la regla.

Nombre _____

balanza

termómetro

taza de medir

La balanza nos dice qué cosa es más pesada.
El termómetro nos dice cuánto calor hace.
La taza de medir nos dice cuánta agua hay.

▶ Encierra el termómetro en un círculo.

Unidad 1 • Lección 3 •
¿Cómo usamos las herramientas de ciencias?

11

Nombre _____

Resúmelo

🔴

🔺

🟦

Unidad 1 • Lección 3 •
¿Cómo usamos las herramientas de ciencias?

🔴 Encierra la regla en un círculo. 🔺 Encierra la taza de medir en un círculo. 🟦 Encierra la lupa en un círculo.

Vivos y no vivos

seres vivos

no vivos

Unidad 2 • Lección 4 •
¿Qué son los seres vivos?

Nombre _____

agua

alimento

lugar donde vivir

Los seres vivos necesitan alimento y agua. También necesitan un lugar para vivir. ¿Necesitan estas cosas los seres no vivos?

Unidad 2 • Lección 4 • ¿Qué son los seres vivos?   ▶ Encierra en un círculo al ser vivo que está tomando alimento.

Nombre _____

planta nueva

patos

Dibújalo

De las plantas nacen más plantas.

Los animales tienen cría.

¿Pueden hacer esto los seres no vivos?

▶ Dibuja un ser vivo tomando agua.

Unidad 2 • Lección 4 • ¿Qué son los seres vivos?

Nombre _____

Resúmelo

●

▲

Unidad 2 • Lección 4 • ¿Qué son los seres vivos?   ● Encierra en un círculo el ser vivo.   ▲ Encierra en un círculo el ser no vivo.

Real e imaginario

real

imaginario

Nombre _____

Dibújalo

Los animales imaginarios hacen cosas que los animales reales no pueden hacer.

Unidad 2 • Lección 5 • ¿Qué es real? ¿Qué es imaginario?   ▶ Dibuja un animal real.

Nombre _____

imaginaria

Las plantas imaginarias hacen cosas que las plantas reales no pueden hacer.

▶ Dibuja una planta real.

Unidad 2 • Lección 5 • ¿Qué es real? ¿Qué es imaginario?

Nombre _____

Resúmelo

●

▲

● Encierra en un círculo el ser real.
▲ Encierra en un círculo el ser imaginario.

Unidad 2 • Lección 5 • ¿Qué es real? ¿Qué es imaginario?

Muchos animales

pelaje

plumas

escamas

Nombre _____

azulejo

catarina

elefante

Los animales son de formas y tamaños diferentes.
Hay animales de colores brillantes.

Unidad 2 • Lección 6 • ¿Cómo son los animales?

▶ Encierra en un círculo el animal azul. Pon una raya debajo del animal más pequeño.

Nombre _____

koala

rana

araña

Dibújalo

Hay animales que tienen cabeza y ojos.
Algunos animales tienen 2 patas.
Otros animales tienen muchas patas.

▶ Dibuja la cabeza y los ojos de un animal.

Nombre _____

nadar

arrastrarse

caminar y correr

brincar

Cada animal se mueve a su manera.

24 Unidad 2 • Lección 6 • ¿Cómo son los animales? ▶ Encierra en un círculo el animal que se arrastra.

Nombre _____

volar

¿Qué animal brinca?
¿Qué animal nada?
¿Qué animal camina y corre?

Dibújalo

▶ Dibuja un animal que vuela.

Unidad 2 • Lección 6 • ¿Cómo son los animales?

Nombre _____

Resúmelo

● Encierra en un círculo el animal que tiene pelaje. ▲ Encierra en un círculo el animal que nada. ■ Encierra en un círculo el animal que vuela.

Unidad 2 • Lección 6 • ¿Cómo son los animales?

Qué necesitan los animales

alimento

aire

agua

refugio

Nombre _____

refugio

agua

alimento

Los animales necesitan alimento, agua y aire, igual que tú. Los animales necesitan refugio, igual que tú.

Unidad 2 • Lección 7 • ¿Qué necesitan los animales?   ▶ Encierra en un círculo el oso que está tomando alimento.

Nombre _____

alimento

Dibújalo

Las mascotas necesitan que les demos alimento, agua y refugio.

▶ Dibuja una mascota que esté tomando agua y alimento.

Unidad 2 • Lección 7 • ¿Qué necesitan los animales?

Nombre _____

Resúmelo

30 Unidad 2 • Lección 7 • ¿Qué necesitan los animales?

Encierra en un círculo las cosas que la ardilla necesita.

Los animales crecen y cambian

ciclo de vida

Nombre _____

patito de un mes

patito recién nacido

pato adulto

Los animales cambian a medida que crecen.

Unidad 2 • Lección 8 • ¿Cómo crecen y cambian los animales? ▶ Encierra en un círculo el patito recién nacido.

Nombre _____

huevos de rana 	**renacuajo con dos patas** 
rana adulta 	**renacuajo con 4 patas** 

▶ Encierra en un círculo la rana adulta.

Unidad 2 • Lección 8 • ¿Cómo crecen y cambian los animales?

33

Nombre _____

Resúmelo

● Encierra en un círculo el perro adulto.
▲ Encierra en un círculo el caballito recién nacido.

Unidad 2 • Lección 8 • ¿Cómo crecen y cambian los animales?

Nombre _____

árboles

Las plantas pueden ser árboles, pastos y arbustos.
Hay muchos tipos de árboles.

36 Unidad 3 • Lección 9 • ¿Cómo son las plantas?   ▶ Dibuja un árbol.

Nombre _____

pastos

arbustos

Hay muchos tipos de pasto.
Hay muchos tipos de arbustos.

▶ Encierra en un círculo el pasto alto.

Unidad 3 • Lección 9 • ¿Cómo son las plantas?   37

Nombre _____

Resúmelo

38 Unidad 3 • Lección 9 • ¿Cómo son las plantas?

● Encierra el árbol en un círculo. ▲ Encierra el arbusto en un círculo.

Nombre _____

con agua | **sin agua**

Dibújalo

Las plantas necesitan aire, luz y agua para vivir.

40 Unidad 3 • Lección 10 • ¿Qué necesitan las plantas?   ▶ Dibuja una planta siendo regada.

Nombre _____

Dibújalo

terreno para crecer

tierra

Las plantas necesitan tierra.
Las plantas necesitan terreno para crecer.

▶ La mayoría de las plantas obtiene la luz que necesita del Sol. Dibuja el Sol.

Unidad 3 • Lección 10 •
¿Qué necesitan las plantas?

Nombre _____

Resúmelo

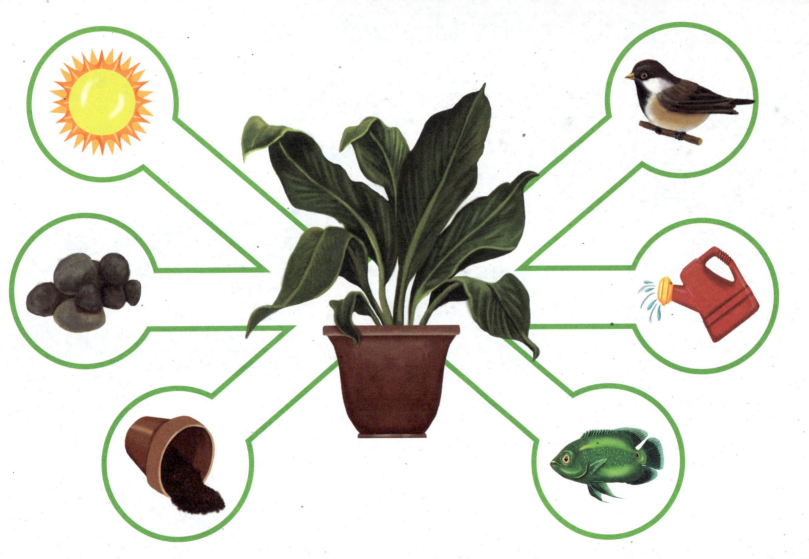

42 Unidad 3 • Lección 10 • ¿Qué necesitan las plantas?

Dibuja una línea hasta cada cosa que la planta necesita.

Nombre _____

hojas

flores

Dibújalo

Las plantas tienen varias partes.
Hay muchos tipos de hojas y flores.

Unidad 3 • Lección 11 •
¿Cuáles son las partes de la planta?

▶ Dibuja una hoja en la casilla de arriba. Dibuja una flor en la casilla de abajo.

44

Nombre _____

semillas

Dibújalo

Las frutas crecen de las flores de algunas plantas.
Las semillas crecen dentro de la fruta.

▶ Dibuja una fruta.

Unidad 3 • Lección 11 • ¿Cuáles son las partes de la planta?   **45**

Nombre _____

Resúmelo

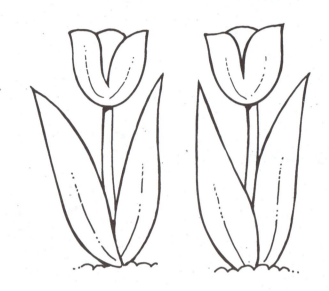
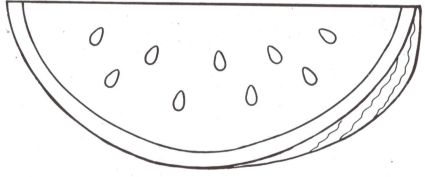

Unidad 3 • Lección 11 •
¿Cuáles son las partes de la planta?

Colorea de marrón las raíces. Colorea de verde los tallos y las hojas. Colorea de amarillo las flores. Colorea de rojo la fruta. Colorea de negro las semillas.

Las plantas crecen y cambian

Nombre _____

semilla

brote

plántula

La planta tiene un ciclo de vida.
La planta cambia a medida que crece.

Unidad 3 • Lección 12 •
¿Cómo crecen y cambian las plantas?

▶ Encierra la semilla en un círculo.

Nombre _____

Dibújalo

árbol joven

árbol adulto

▶ Dibuja un árbol joven.

Unidad 3 • Lección 12 • ¿Cómo crecen y cambian las plantas?

49

Nombre _____

Resúmelo

Unidad 3 • Lección 12 •
¿Cómo crecen y cambian las plantas?

Encierra en un círculo el brote. Dibuja una línea debajo del árbol adulto.

El hogar de los seres vivos

hábitat

Nombre _____

estanque  **océano**

Hay animales y plantas que viven en hábitats de agua.

52 Unidad 4 • Lección 13 • ¿Dónde viven los animales y las plantas? ▶ Encierra en un círculo el hábitat de océano.

Nombre _____

desierto

bosque tropical

Otros animales y plantas viven en hábitats de tierra.
Los animales y las plantas obtienen lo que necesitan de su hábitat.

▶ Encierra en un círculo el hábitat de desierto.   Unidad 4 • Lección 13 • ¿Dónde viven los animales y las plantas?   53

Nombre _____

Resúmelo

● Encierra en un círculo el hábitat de estanque.
▲ Encierra en un círculo el hábitat de bosque tropical.

Unidad 4 • Lección 13 • ¿Dónde viven los animales y las plantas?

Los animales y las plantas juntos

refugio

Unidad 4 • Lección 14 • ¿Por qué los animales y las plantas se necesitan unos a otros?

Nombre _____

refugio

alimento

Algunos animales se refugian en plantas.
Muchos animales necesitan plantas para alimentarse.

Unidad 4 • Lección 14 • ¿Por qué los animales y las plantas se necesitan unos a otros?

▶ Encierra en un círculo los animales que se refugian en una planta.

Nombre _____

ardilla

bellota

Dibújalo

Las plantas necesitan de los animales.
Los animales llevan sus semillas.
De las semillas crecen plantas nuevas.

▶ Dibuja una planta nueva que pueda crecer de la bellota que lleva la ardilla.   Unidad 4 • Lección 14 • ¿Por qué los animales y las plantas se necesitan unos a otros?

Nombre _____

Resúmelo

●

▲

■

Unidad 4 • Lección 14 • ¿Por qué los animales y las plantas se necesitan unos a otros?

● Encierra en un círculo el animal que se alimenta de una planta. ▲ Encierra en un círculo el animal que se refugia en una planta. ■ Encierra en un círculo el animal que lleva una semilla.

El cielo de día

Nombre _____

El Sol se ve en el cielo durante el día.
También se ven nubes y otros objetos en el cielo.
Durante el día, el Sol parece moverse por el cielo.

▶ Encierra en un círculo el Sol de cada dibujo.

Nombre _____

lejos

cerca

Dibújalo

Los objetos que están cerca de la Tierra se ven grandes.
Los objetos que están lejos de la Tierra se ven pequeños.

▶ Dibuja el cielo de día.

Unidad 5 • Lección 15 • ¿Qué hay en el cielo de día?

Nombre _____

Resúmelo

●

▲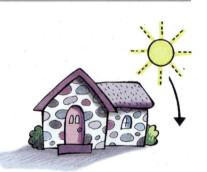

■

● Encierra en un círculo el Sol de la mañana.
▲ Encierra en un círculo el Sol de mediodía.
■ Encierra en un círculo el Sol de la tarde.

Unidad 5 • Lección 15 • ¿Qué hay en el cielo de día?

El cielo de noche

estrellas

Luna

Unidad 5 • Lección 16 •
¿Qué hay en el cielo de noche?

Nombre _____

De noche se ven las estrellas del cielo.
La Luna se ve casi todas las noches.

Nombre _____

A veces la Luna se ve durante el día.

▶ Encierra la Luna en un círculo.

Nombre _____

Resúmelo

66 Unidad 5 • Lección 16 • ¿Qué hay en el cielo de noche?   ● Dibuja el cielo de día. ▲ Dibuja el cielo de noche.

Nombre _____

tamaños distintos

formas distintas

Las rocas son seres no vivos.
Las rocas tienen distintos tamaños, formas, colores y texturas.

Unidad 6 • Lección 17 • ¿Qué son las rocas? ▶ Encierra en un círculo la roca más pequeña.

Nombre _____

Dibújalo

colores distintos

texturas distintas

Algunas rocas son lisas.
Otras rocas son ásperas.

▶ Dibuja dos rocas de colores distintos.

Nombre _____

Resúmelo

70 Unidad 6 • Lección 17 • ¿Qué son las rocas?

Dibuja una X sobre cada roca.

Nombre _____

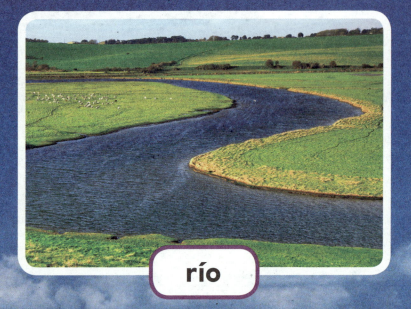 río

 lago

océano

El agua cubre la mayor parte de la Tierra.
El agua se encuentra en los ríos, los lagos y los océanos.

72 Unidad 6 • Lección 18 • ¿Qué es el agua? ▶ Dibuja una X sobre el río.

Nombre _____

estanque

El agua limpia es transparente.
¿Está limpia el agua de este estanque?

Dibújalo

▶ Dibuja un pez que podrías ver en este estanque.

Nombre _____

Resúmelo

●

▲

■

★

74 Unidad 6 • Lección 18 • ¿Qué es el agua?

● ▲ ■ ★ Colorea el agua de azul.

Recursos naturales

roca

agua

tierra

Unidad 6 • Lección 19 • ¿Cómo usamos y conservamos los recursos naturales?

Nombre _____

zanahorias

zanahorias que crecen en la tierra

El suelo es un recurso natural.
La mayoría de las plantas necesitan tierra para crecer.
Muchas plantas nos sirven de alimento.

Unidad 6 • Lección 19 • ¿Cómo usamos y conservamos los recursos naturales? ▶ Encierra en un círculo las zanahorias que se comen.

Nombre _____

puente

Dibújalo

Las rocas son un recurso natural. Las rocas nos sirven para hacer cosas.

▶ Dibuja algo hecho de roca.   Unidad 6 • Lección 19 • ¿Cómo usamos y conservamos los recursos naturales?

Nombre _____

Cierra el agua después de usarla.

Dibújalo

Bebemos agua.

El agua es un recurso natural.
Necesitamos agua para vivir.
Debemos usarla con cuidado.

Unidad 6 • Lección 19 • ¿Cómo usamos y conservamos los recursos naturales? ▶ Dibuja una manera de usar el agua cuidadosamente.

Nombre _____

reciclar

reutilizar

Podemos cuidar los recursos naturales.
Podemos reciclar las cosas.
Podemos reutilizar las cosas.

▶ Encierra en un círculo algo que se reutilice.   Unidad 6 • Lección 19 • ¿Cómo usamos y conservamos los recursos naturales?

Nombre _____

Resúmelo

Unidad 6 • Lección 19 • ¿Cómo usamos y conservamos los recursos naturales?

● Encierra en un círculo el dibujo en que se usa la tierra. ▲ Encierra en un círculo el dibujo en que se usa el agua con cuidado. ■ Encierra en un círculo el dibujo de algo que se reutiliza.

El tiempo

soleado

nevoso

lluvioso

nuboso

ventoso

Nombre _____

tiempo nuboso

tiempo soleado

Hay muchos tipos de tiempo.
Unos días son nubosos.
Y otros días son soleados.

Nombre _____

Dibújalo

tiempo ventoso

Hay días que son ventosos.

▶ Dibuja un árbol en un día ventoso.

Nombre _____

tiempo lluvioso

Hay días que son lluviosos.
Los días lluviosos jugamos en casa.

Dibújalo

Unidad 7 • Lección 20 • ¿Qué es el tiempo?

▶ Dibuja algo que te guste hacer los días lluviosos.

Nombre _____

tiempo nevoso

Hay días que son nevosos.
Los días nevosos hace frío.

▶ Encierra en un círculo a los niños que juegan en tiempo nevoso.

Unidad 7 • Lección 20 • ¿Qué es el tiempo?   85

Nombre _____

Resúmelo

●

▲

■

● Encierra en un círculo el tiempo nevoso. ▲ Encierra en un círculo el tiempo lluvioso. ■ Encierra en un círculo el tiempo soleado.

86 Unidad 7 • Lección 20 • ¿Qué es el tiempo?

Medir el tiempo

termómetro

manga de viento

Unidad 7 • Lección 21 • ¿Cómo medimos el tiempo?

Nombre _____

temperatura alta

temperatura baja

Medimos el tiempo con herramientas de ciencias.
El termómetro nos dice cuánto calor o frío hace.

Unidad 7 • Lección 21 • ¿Cómo medimos el tiempo? ▶ Encierra en un círculo el termómetro que muestra una temperatura baja.

Nombre _____

sin viento | **ventoso**

Dibújalo

La manga de viento muestra si el tiempo está ventoso.

▶ Dibuja una manga de viento en un día ventoso.

Unidad 7 • Lección 21 • ¿Cómo medimos el tiempo?

Nombre _____

Resúmelo

●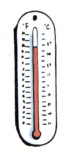

▲

■

● ▲ ■ Encierra en un círculo la herramienta con que cada niño podría medir el tiempo que se muestra.

Unidad 7 • Lección 21 • ¿Cómo medimos el tiempo?

Nombre _____

primavera

Las estaciones siguen un patrón.
En primavera, los animalitos nacen o rompen el cascarón.
Las plantas crecen porque el tiempo es cálido.

Unidad 7 • Lección 22 • ¿Qué son las estaciones?   ▶ Encierra en un círculo a los animalitos.

Nombre _____

verano

El verano viene después de la primavera.
En verano, las plantas crecen más.
Los animalitos crecen y aprenden.

▶ Encierra en un círculo al venadito que está haciendo lo mismo que su mamá.

Nombre _____

otoño

El otoño viene después del verano.
Las hojas, las nueces y las frutas caen de los árboles.
Los animales se preparan para el invierno.

Nombre _____

invierno

El invierno viene después del otoño.
Muchos árboles pierden todas las hojas.
Ciertos animales cambian en el invierno.

▶ Dibuja cómo es el invierno en el lugar donde vives.

Unidad 7 • Lección 22 • ¿Qué son las estaciones?

Nombre _____

Resúmelo

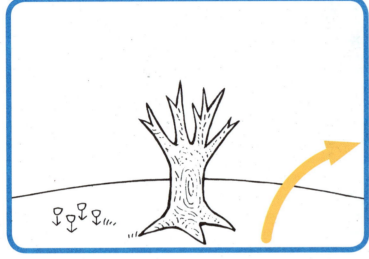
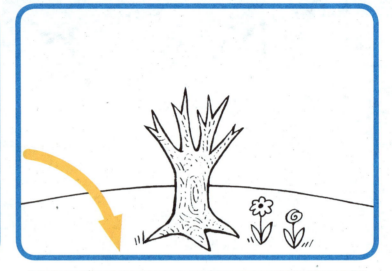
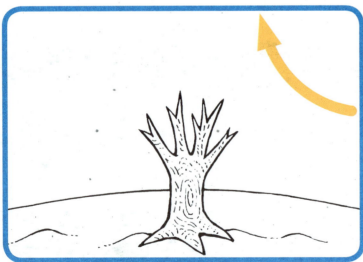

Muestra cómo se ven los árboles en primavera, verano, otoño e invierno.

Unidad 7 • Lección 22 • ¿Qué son las estaciones?

La materia

materia

Unidad 8 • Lección 23 •
¿Cómo describimos y clasificamos la materia?

Nombre _____

líquido

gas

sólido

La materia es cualquier cosa que ocupa espacio.
La materia puede ser un líquido, un gas o un sólido.

Unidad 8 • Lección 23 •
¿Cómo describimos y clasificamos la materia?

▶ Dibuja una X sobre el líquido.

Nombre _____

tamaños diferentes

formas diferentes

colores diferentes

Dibújalo

Los objetos son de diferentes colores, tamaños y formas.

▶ Dibuja un objeto que conozcas.

Unidad 8 • Lección 23 • ¿Cómo describimos y clasificamos la materia?

99

Nombre _____

texturas diferentes

pesos diferentes

Los objetos pueden ser suaves o ásperos.
Los objetos pueden ser pesados o livianos.

Unidad 8 • Lección 23 •
¿Cómo describimos y clasificamos la materia?   ▶ Encierra en un círculo el objeto que es áspero.

Nombre _____

temperaturas diferentes

Dibújalo

Las cosas pueden ser calientes o frías.

▶ Dibuja una bebida fría que te guste.

Nombre _____

Resúmelo

Unidad 8 • Lección 23 •
¿Cómo describimos y clasificamos la materia?

● Encierra en un círculo el objeto que es de color diferente.
▲ Encierra en un círculo el objeto que es de tamaño diferente.
■ Encierra en un círculo el objeto que tiene forma diferente.

La materia puede cambiar

cambio

Unidad 8 • Lección 24 • 103
¿Cómo cambiamos la materia?

Nombre _____

arrancar

aplastar

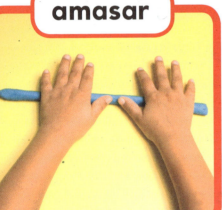
amasar

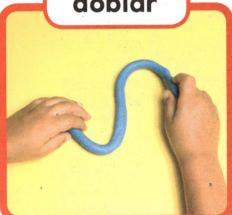
doblar

Dibújalo

Podemos cambiar la forma de la arcilla.

▶ Dibuja algo que puedas hacer con arcilla.

Nombre _____

recortar

plegar

arrugar

Podemos cambiar el papel.

▶ Encierra en un círculo el papel que se recorta.

Unidad 8 • Lección 24 • ¿Cómo cambiamos la materia?

105

Nombre _____

Resúmelo

●

▲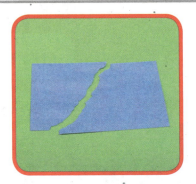

■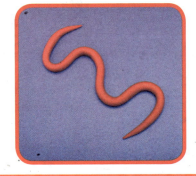

Unidad 8 • Lección 24 •
¿Cómo cambiamos la materia?

● Encierra en un círculo el papel recortado. ▲ Encierra en un círculo el papel plegado.
■ Encierra en un círculo la arcilla aplastada.

Calentar y enfriar la materia

calentar

enfriar

Unidad 8 • Lección 25 • ¿Cómo cambia la materia al calentarse y al enfriarse?

Nombre _____

huevo crudo

calentar

Dibújalo

huevo cocido

La materia puede cambiar al calentarse.

108 Unidad 8 • Lección 25 • ¿Cómo cambia la materia al calentarse y al enfriarse?   ▶ Dibuja un huevo cocido.

Nombre _____

líquido

enfriar

sólido

La materia cambia al enfriarse.
Los líquidos pueden ponerse sólidos.

▶ Encierra en un círculo la materia que se está enfriando.

Nombre _____

Resúmelo

●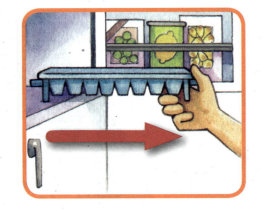

▲

Unidad 8 • Lección 25 • ¿Cómo cambia la materia al calentarse y al enfriarse?

● Encierra en un círculo lo que ocurre cuando enfriamos agua.
▲ Encierra en un círculo lo que ocurre cuando calentamos masa para panqueques.

Nombre _____

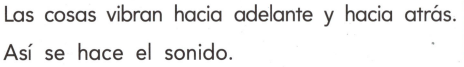
suave

fuerte

Dibújalo

Las cosas vibran hacia adelante y hacia atrás.

Así se hace el sonido.

Los sonidos pueden ser fuertes o suaves.

Unidad 9 • Lección 26 • ¿Qué es el sonido?

▶ Dibuja algo que produzca un sonido fuerte.

Nombre _____

bajo

alto

Dibújalo

Los sonidos pueden ser bajos o altos.
¿Cómo se produce un sonido muy bajo?

▶ Dibuja algo que produzca un sonido alto.

Unidad 9 • Lección 26 • ¿Qué es el sonido? 113

Nombre _____

Resúmelo

●

▲

● Encierra en un círculo a quien está haciendo un sonido suave.
▲ Encierra en un círculo a quien está haciendo un sonido bajo.

Unidad 9 • Lección 26 • ¿Qué es el sonido?

La luz

luz

Unidad 9 • Lección 27 •
¿Qué es la luz?

Nombre _____

Sol

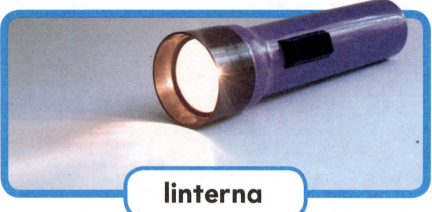
linterna

lámpara

Dibújalo

El Sol alumbra.
Hay cosas que están hechas para alumbrar.
¿Qué otras cosas alumbran?

▶ Dibuja un objeto que alumbre.

Nombre _____

muy poca luz

mucha luz

Necesitamos luz para ver las cosas.

▶ Encierra en un círculo la habitación que tiene más luz.

Unidad 9 • Lección 27 • ¿Qué es la luz?

Nombre _____

Resúmelo

Unidad 9 • Lección 27 • ¿Qué es la luz?

Encierra en un círculo las cosas que alumbran.

El calor

calor

Unidad 9 • Lección 28 •
¿Qué es el calor?

Nombre _____

tostadora eléctrica

Algunas cosas calientan.

secador

120 Unidad 9 • Lección 28 • ¿Qué es el calor? ▶ Encierra en un círculo el objeto que calienta y tuesta el pan.

Nombre _____

Dibújalo

Sol

vela

Hay muchas cosas que alumbran y también calientan.

▶ Dibuja algo que alumbre y caliente.

Unidad 9 • Lección 28 • ¿Qué es el calor?

Nombre _____

El sonido, la luz y el calor son formas de energía.
La energía puede cambiar las cosas.

Unidad 9 • Lección 28 • ¿Qué es el calor?   ▶ Encierra en un círculo las fuentes de energía del sonido, la luz o el calor.

Nombre _____

La energía del sonido te sirve para oír.
La energía de la luz te sirve para ver.
La energía del calor te mantiene caliente.

▶ Encierra en un círculo las fuentes de energía del sonido, la luz o el calor.

Unidad 9 • Lección 28 • ¿Qué es el calor?

Nombre _____

Resúmelo

●

▲

■

Unidad 9 • Lección 28 • ¿Qué es el calor?

● Encierra en un círculo el objeto que alumbra.
▲ Encierra en un círculo el objeto que produce sonido.
■ Encierra en un círculo el objeto que calienta.

El lugar donde están las cosas

Unidad 10 • Lección 29 •
¿Cómo describimos la posición de las cosas?

Nombre _____

Con estas palabras dices dónde están las cosas.

Unidad 10 • Lección 29 •
¿Cómo describimos la posición de las cosas?

▶ Encierra en un círculo el camión que está debajo del puente.

Nombre _____

dentro de

fuera de

enfrente de

detrás

¿Dónde están los patos?

Dibújalo

▶ Dibuja una pelota con un árbol detrás. Unidad 10 • Lección 29 • ¿Cómo describimos la posición de las cosas?

Nombre _____

Resúmelo

Unidad 10 • Lección 29 •
¿Cómo describimos la posición de las cosas?

Colorea de amarillo el juguete que está arriba del avión. Colorea de azul el juguete que está debajo del camión. Colorea de verde el juguete que está al lado de la pelota. Colorea de naranja el juguete que está enfrente del cesto.

Cómo se mueven las cosas

en zigzag

en círculos

en línea recta

hacia arriba y hacia abajo

hacia adelante y hacia atrás / hacia los lados

Unidad 10 • Lección 30 • ¿Cómo se mueven las cosas?

Nombre _____

en línea recta

en círculos

Las cosas se mueven en distintas direcciones.

▶ Colorea las flechas para mostrar la dirección en que se mueven las cosas.

Nombre _____

hacia arriba y hacia abajo

hacia adelante y hacia atrás

en zigzag

Las cosas pueden cambiar de dirección.

▶ Colorea las flechas para mostrar la dirección en que se mueven las cosas.

Unidad 10 • Lección 30 • ¿Cómo se mueven las cosas?   131

Nombre _____

rápido

A veces las cosas se mueven rápido.

Nombre _____

Dibújalo

lento

A veces las cosas se mueven lentamente.

▶ Dibuja algo que se mueva lentamente.

Unidad 10 • Lección 30 • ¿Cómo se mueven las cosas?

Nombre _____

Resúmelo

●

▲

■

Unidad 10 • Lección 30 • ¿Cómo se mueven las cosas?

● Encierra en un círculo el tren que va derecho. ▲ Encierra en un círculo la canica que va en círculos. ■ Encierra en un círculo el animal que se mueve lentamente.

Cómo cambiar el movimiento de las cosas

empujar

halar

Nombre _____

empujar

halar

Podemos empujar o halar las cosas.
Podemos cambiar la dirección en que se mueven.

Unidad 10 • Lección 31 • ¿Cómo cambiamos la dirección en que se mueven las cosas?

▶ Encierra en un círculo a quien está halando algo.

Nombre _____

gravedad

La gravedad hala las cosas hacia abajo a menos que algo las detenga.

▶ Dibuja una flecha para mostrar hacia dónde irá la pelota.

Nombre _____

Resúmelo

●

▲

Unidad 10 • Lección 31 • ¿Cómo cambiamos la dirección en que se mueven las cosas?

● Encierra en un círculo a quien está empujando algo.
▲ Encierra en un círculo a quien está halando algo.

Imanes

imanes

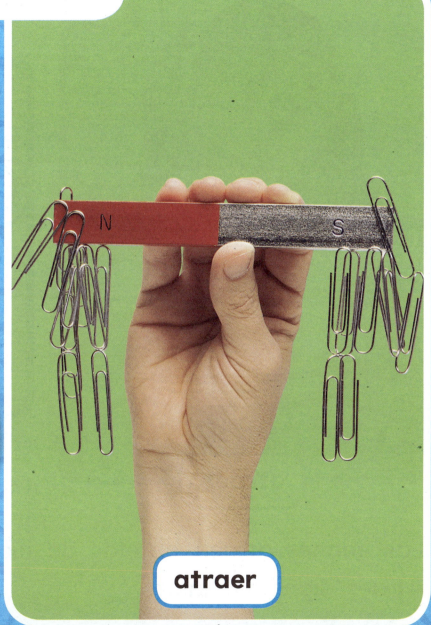

atraer

Unidad 10 • Lección 32 •
¿Qué objetos atraen los imanes?

Nombre _____

atraer

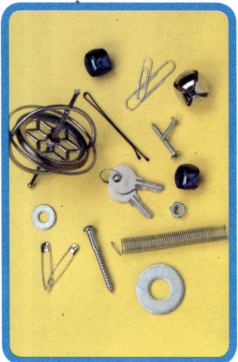

Los imanes atraen objetos de hierro o de acero.
Atraer significa halar.

140 Unidad 10 • Lección 32 • ¿Qué objetos atraen los imanes?   ▶ Encierra en un círculo el grupo de objetos que atraerá un imán.

Nombre _____

imán

Dibújalo

Los imanes mueven ciertos objetos sin tocarlos.

▶ Dibuja una flecha para mostrar la dirección en que se mueve el camión.

Nombre _____

Resúmelo

●

142 Unidad 10 • Lección 32 • ¿Qué objetos atraen los imanes?   ● ▲ ■ Encierra en un círculo el objeto al que atrae un imán.